Francesco Sartori

Luz de Luz

Francesco Sartori

Luz de Luz

Poesías e Himnos

CREDO EDICIONES

Imprint

Cover image: www.ingimage.com

Publisher:
CREDO EDICIONES
is a trademark of
International Book Market Service Ltd., member of OmniScriptum Publishing Group
17 Meldrum Street, Beau Bassin 71504, Mauritius

Printed at: see last page
ISBN: 978-613-2-91106-3

A quien vive en la oscuridad
buscando la Luz
que ilumina
el Camino

PREFACIO

La poesía no es un escape en la fantasía irreal e irracional, separada de la realidad en la que vivimos. El pie del poeta está bien plantado en el suelo, mientras su mente se eleva hasta el cielo más alto y escondido para la mayoría, pero solo para recibir el sentido profundo de existir y de ser un hombre inmerso en un universo lleno de mensajes directos e indirectos. Y estos mensajes son más que simples comunicaciones gnósticas, son en cambio parte de una armonía superior que se revela en la impresionante Belleza del universo creado.

La naturaleza y las emociones, la cultura y los sentimientos constituyen los "ritmos cardíacos" de la vida cósmica de la que somos parte y que el Ser Creador, en su infinita Sabiduría, Amor y Racionalidad, ha puesto en nuestra alma inmortal.

El artista es un granito de esta infinidad de Amor, que tiene la misión de transmitir el «Corazón de la Vida» a sus semejantes a través del lenguaje, en un sentido amplio.

En particular, el Artista-Poeta es un demiurgo del lenguaje oral y escrito, que transmite la maravilla del vivir cotidiano como un vivir en la eternidad absoluta del momento presente. En la pequeñez de los gestos y situaciones que la realidad nos propone, el Poeta ve la reverberación del infinito, en la multiplicidad la exaltación del Uno que nos regala una Vida sin límites en la Verdad, la Bondad y más precisamente en la Belleza, que resume en sí los dos primeros conceptos arquetípicos.

En esta antología recuerdo y desarrollo ulteriormente la Poética general descrita en la introducción de mi libro anterior *Le Mutazioni dell'Amore* - «Las mutaciones del Amor» (Laura Capone Editore, Roma, 2018) y en el penúltimo trabajo titulado *Mistica danza* - «Danza mística», lanzado en 2017, para los tipos de *Fede & Cultura* de Verona, escrito en colaboración con el hijo Emanuele.

En estos dos textos desarrollé, según los cánones griegos clásicos, las relaciones fundamentales entre el *Érōs* (el amor humano), el *Agápē* (el Amor divino), *Thánatos* (la Muerte purificadora y liberadora) y la *Némesis* (la divina venganza cósmico-espiritual), evocada por *Úbris* (el orgullo autodeificante del hombre tecnocrático moderno y contemporáneo).

En esta obra pretendo cumplir coherentemente un paso más: el antropológico y socioambiental concreto.

θάνατος (la muerte) aquí se siente todavía más y parece ganar el desafío con Άγάπη (el Amor).

Pero no es así. La última estrofa de la composición «Honor a una persona sin hogar» (p. 16) lo revela en su experiencia contingente y aparentemente contradictoria.

El hombre, incluso el más desesperado y abandonado, tiene un referente único, definitivo y fuente de la vida: el Señor de los Vivos, Nuestro Señor Jesucristo. Eternamente.

Es cierto que el lenguaje poético tiene características universales, que van más allá de las simples adherencias o visiones de fe, pero no puede ni debe suprimirlas en nombre de un sincretismo sentimental y un relativismo emocional. Tampoco puede ni debe manipular el lenguaje en nombre de una fe unilateral ideológica que vea unicamente al humano, colocándolo subrepticiamente en la atención del lector como el único dios tangible y afectivamente digno de veneración.

El lenguaje humano caería y, de hecho, en mucha literatura contemporánea cae, en la autorreferencialidad y en el nuevo *manierismo comunicativo*, vinculado a todos esos entornos centrados en el «bienestar físico y mental», en la «investigación motivacional e *inspiradora*», etc., con objetivos también muy materialistas y egocéntricos:

éxito, carrera, riqueza, liderazgo, «iluminaciones extáticas», de importaciones orientalizantes implícitas y explícitas y, en diferentes grados, vinculadas a la *nueva era* y al *nuevo humanismo ateo*, modernista y globalista de antigua matriz esotérica.

El Camino hacia la Luz, en cambio, no es fácil de escudriñar. Pasa por grietas y puertas estrechas ... es *un regalo que viene de Arriba*, más que una conquista humana solitaria o inducida por asombrosas empresas tecno-robóticas, comandadas por una *inteligencia artificial*, que no es más que la *mente humana colectivizada y auto-adorada*, de forma sincrónica y diacrónica, que se propone como único objetivo válido de fe, con movimientos semióticos seudoreligiosos.

Las poesías que presento aquí son la expresión de una inmanencia, a menudo trágica, que logra trascenderse gracias a un empuje centrípeto, donde el punto central de atracción no es la tierra y la aventura humana, sino Dios mismo y su com*pasión* humana hasta la identificación con la víctima ... sacrifícalas[1], con el propósito de despertar el germen o, mejor, la chispa de Luz que habita dentro de nosotros.

Esta chispa se manifiesta dentro de nosotros, pero no se genera de manera autónoma ni puede vigorizar su llama sin la aceptación y la confianza completa en el ardiente Amor Divino.

Este es el último sentido del capítulo final, que da el título a toda la colección y es su ápice, «Luz de Luz»: quien vive en el amor, lo canta en cada momento del día. Entonces la poesía se convierte en un himno de Alabanza, un himno a la Vida, un himno de Agradecimiento (forma lingüística de la *Eucaristía* salvadora): Agradecimiento impresionado por tanta Bondad, Verdad y Belleza que Dios nos dio.

Buena lectura y buena inmersión en la oscuridad luminosa de la vida, hasta encontrar la Luz que ilumina los meandros más íntimos del Alma, en un mundo que, aunque moribundo, anhela resurgir en la Luz pura de Dios.

El autor

Valli del Pasubio (Italia), 14 de septiembre A.D. 2019
Fiesta de la Exaltación de la Santa Cruz

SUMARIO

Francesco Sartori

Luz de Luz

Poesías e Himnos

Traducción de Valeria Borda

Bookworm Translations Limited (Manchester - Reino Unido)

LUCE SEPOLTA

LUZ ENTERRADA

Sole, acque e luci

Sole, acque e luci,
che l'alba del mondo
dischiusero nel cuore dell'umanità.

A di là del mare
carovane,
sospese tra oasi desertificate,
chiedono l'eternità
a un dio che spira dal Nord.

Bambini
infiniti d'amore
cadranno tra le nostre trincee.

Uomini grideranno
al mio tradimento e al loro.

Ma noi fuggiremo
bruciando le nostre ansie.

Sol, agua y luces

Sol, agua y luces,
que el amanecer del mundo
se abra lentamente en el corazón de la humanidad.

Más allá del mar,
caravanas,
suspendidas entre oasis desertificados,
piden la eternidad
a un dios que sopla del Norte.

Niños
infinitos de amor
caerán en nuestras trincheras.

Los hombres gritarán
a mi traición y a la de ellos.

Pero huiremos
quemando nuestras ansias.

Poi ci piegheremo
tra le colline di altri mondi,
e il sangue dai polsi
zampillerà novello.

Solo allora
ci stringeremo le mani.

Estate di sogni tra i pioppeti
lungo ruscelli di campagna.

Sui prati sdraiato,
scorderò i crisantemi
sbocciati sugli occhi
di mio fratello,
sepolto nella sabbia
di un deserto straniero.

Después nos doblaremos
entre las colinas de otros mundos,
y la sangre de las muñecas
brotará nueva.

Solo entonces
nos daremos la mano.

Verano de sueños entre los álamos
a lo largo de los arroyos del campo.

Tumbado en el césped,
olvidaré los crisantemos
florecidos en los ojos
de mi hermano,
enterrado en la arena
de un desierto extranjero.

Onore a un senza tetto!

Ho bussato a mille porte stasera,
cieco pellegrino di pietà.

Nessuno!
Già inabissati nel seno della terra.

Cantare tra un marciapiedi
e l'altro:
la vita
di un uomo
senza amici.

O malefico dolore,
che struggi
l'esistenza
di chi cogliere non può
i primaverili preludi.

La tua eco rimbomba
fra i canneti battuti dal maestrale

¡Honor a una persona sin hogar!

Toqué mil puertas esta noche,
peregrino ciego de la piedad.

¡Nadie!
Ya sumergidos en el seno de la tierra.

Cantaré entre una vereda
y la otra:
la vida
de un hombre
sin amigos.

Oh maléfico dolor,
que consumes
la existencia
de aquellos que no pueden comprender
los preludios primaverales.

Tu eco resuena
entre los juncos golpeados por el mistral

e si perde,
quale mortifera pestilenza,
tra i cipressi insabbiati.

Mi sono rituffato nella notte.
Brancolante aspettai.

Nessuno!
Già inabissati nel seno della terra.

E il giaciglio degli agonizzanti
m'abbracciò gelido.

In un recondito cubicolo
sull'Appia antica
mi sono infilato
in un nascosto
arcosòlio.

E sei subito venuto
ad abbracciarmi,
Signore dei Viventi.

y se pierde,
                    que pestilencia mortal,
entre los cipreses cubiertos de arena.

Regresé a la noche.
Titubeante esperé.

¡Nadie!
                    Ya sumergidos en el seno de la tierra.

Y el lecho de los agonizantes
me abrazó helado.

En un cubículo escondido
en la antigua Appia
me deslicé
en un arcosolio
escondido.

Y enseguida viniste
a abrazarme
                    Señor de los Vivos.

Vita sepolta

Un sorriso e una breve corsa nel vento.

Tutta la nostra vita sepolta
in carnivori sepolcri.

Quale risposta nell'aria volteggia?

Un palpito s'insinua
fra oscuri anfratti
e di graffiti insanguinati
incide i brevi sospiri
di lacrimose madri,
abbattute dal cieco destino.

Nella notte silente
il sepolto cuore
s'increspa:
visioni e battiti invisibili.

Vida enterrada

Una sonrisa y un corto paseo en el viento.

Toda nuestra vida enterrada
en sepulcros carnívoros.

¿Qué respuesta flota en el aire?

Un latido se asoma
entre grietas oscuras
y grafitis sangrientos
graban los breves suspiros
de madres lacrimosas,
derribadas por el destino ciego.

En la noche silenciosa
el corazón enterrado
ondea:
visiones y latidos invisibles.

A noi insensibili cieli
rivelano l'altra riva
ove approda
il pianto
amaro.

E tutto si tinge
d'increata Luce.

Il dolore ingioia
d'etereo azzurro.

Para nosotros cielos insensibles
revelan la otra orilla
donde llega
el llanto
amargo.

Y todo se tiñe
de Luz sin crear.

El dolor en alegría
de azul etéreo.

Sfida

Tra i biancospini
abbiamo lanciato al mondo
la sfida della poesia.

E fra i glicini
moriremo
nel silenzio.

Desafío

Entre los espinos
hemos lanzado al mundo
el desafío de la poesía.

Y entre las glicinias
moriremos
en el silencio.

Vita raminga

Come margherite
che sbocciano
in uno scialle di luce,
ma chiudono le tenui corolle
accecate dalle stelle
e piegano il tenero stelo
alla misera terra.

Così mia vita raminga:
passero invernale
da ramo a foglia morta.

O grido di Rachele[2],
non piangere il figlio,
che muto s’accascia
trafitto.

La vida errante

Como margaritas
que florecen
en un chal de luz,
pero cierran las suaves corolas
cegadas por las estrellas
y doblan el tierno tallo
a la miserable tierra.

Así mi vida es errante:
gorrión de invierno
de rama de hoja muerta.

Oh grito de Raquel[2],
no llores por el hijo,
que mudo se derrumba
perforado.

In morte della donna amata

Occhi muti
in tonanti acque impetuose.

Pioggia e nebbia nel cuore.

Lacrime tremolanti,
sorde catene di spazi consunti.

Non soffri ora
i lunghi abeti recisi.

Non piangi ora...
il dolore della mente
più non ti strugge.

Ti sei tuffata nel silenzio.
Ti sei abbandonata
all'oscuro torrente travolgente...

En la muerte de la mujer amada

Ojos mudos
en tremendas aguas tormentosas

Lluvia y niebla en el corazón.

Lágrimas temblorosas,
cadenas sordas de espacios desgastados.

Ahora no sufres
los largos abetos cortados.

Ahora no lloras...
el dolor de la mente
no te atormenta más.

Te sumergiste en el silencio.
Te abandonaste
en la corriente oscura y abrumadora...

La mia anima per l'eternità
vaga fra quelle acque alla ricerca della tua ...
... per riportarla alla cheta Luce.

Mi alma por la eternidad
deambula por esas aguas en busca de la tuya ...
... para traerla de vuelta a la Luz tranquila.

Qualcuno risponda

Empi trastulli inscenati
sulla pelle d'inermi vagiti.

Come possono inumani bestiari
stringere patti violenti
verso cuori indifesi?

Qualcuno *de profundis*
risponda al sangue di Abele!

Perché occhi torvi d'odio
inceneriscono il futuro
e piano sotterrano
la sciagurata stirpe di Adamo.

Ahi! ...
... Quale maledizione
c'insegue sibilando
mortifere illusioni?

Que alguien responda

Impíos juegos escenificados
sobre la piel de lamentos impotentes.

¿Cómo pueden los inhumanos bestiarios
celebrar acuerdos violentos
hacia corazones indefensos?

¡Que alguien *de profundis*
responda a la sangre de Abel!

Por qué ojos sombríos de odio
incineran el futuro
y entierran despacio
el linaje miserable de Adán.

¡Ay! ...
... ¿Qué maldición
nos sigue silbando
ilusiones mortales?

Qualcuno risponda!

Qualcuno sfoderi il braccio
e impugni l'antica Sapienza!

E la Luce sia…
... ancora ed ultima Parola
sia!

Allora l'Amante
concepirà
progenie divina ...

... in silenzio lieviterà
la celeste semente
nel seno della *Theotókos*.

¡Que alguien responda!

¡Que alguien saque su brazo
y empuñe la antigua Sabiduría!

Y que la luz sea ...
... que sea
de nuevo y la última palabra!

Entonces el Amante
concebirá
la descendencia divina ...

... en silencio se elevará
la semilla celestial
en el seno de *Theotókos*.

Nessuno ha visto?

Appoggiarsi
nell'aria
delirando
assiderato…

Nessuno ha visto
quel barbone morire di freddo?

È l'indifferenza l'*eutanasia* dell'umanità!

¿Nadie lo ha visto?

Apoyarse
en el aire
delirando
congelado ...

¿Nadie ha visto
aquel vagabundo morir de frío?

¡La indiferencia es la *eutanasia* de la humanidad!

LUCE TERRESTRE

LUZ TERRESTRE

Luce notturna

La luce
che vive la notte
è canto di tumide labbra
appena socchiuse;

è fuoco
che arde in spazi infiniti,
ove respirare la vita
appena intravista.

Sono voci,
le nostre,
che mutano
il silenzio
in lacrime di gioia:
sono segni
che rivelano
il vagito
della raggiante culla.

Luz nocturna

La luz
que vive la noche
es una canción de labios túmidos
apenas entreabiertos;

es fuego
que arde en infinitos espacios,
donde respirar la vida
apenas vislumbrada.

Son voces,
las nuestras,
que cambian
el silencio
en lágrimas de alegría:
son signos
que revelan
el gemido
de la cuna radiante.

E così
potremo vedere
nel buio
la nuova via,
illuminata da vergini vestali,
nell'infinito desiderio
di vagare fra le stelle.

Y así
podremos ver
en la oscuridad
el nuevo camino,
iluminado por vírgenes vestales,
en infinito deseo
de deambular entre las estrellas.

Stillicidio estivo

Stillicidio estivo
riavvolge pensieri.

Fili inesorabili inerpicano,
quasi sparsi ovunque
sui sentieri del viso.

E nel quieto rotolare di gocce
immerse nel silenzio orante.

La sposa attende rugiada
al chiarore del lume,
china sul seno lo sguardo
a scrutare
il primo battito eterno.

Ed è eterno
il talamo d’amore,
che ci libera a respirare
il profumo dei cieli stellati.

Goteo estival

El goteo estival
envuelve pensamientos.

Hilos inexorables trepan, *
casi dispersos por todas partes
por los caminos de la cara.

Y en el quieto rodar de gotas
inmersas en un silencio de oración.

La novia espera rociada
al claro de luz,
inclina sobre su pecho la mirada
para examinar
el primer latido eterno.

Y es eterno
el tálamo de amor,
que nos libera para respirar
el perfume de los cielos estrellados.

Lucidi,
alla fine del sogno,
e desti nella veglia,
germinante l’aurora,
e rivestiti
di terre sepolte
generare nuovi cieli
e nuova terra
nel pulsare ritmico
di un bacio opalino.

Brillantes,
al final del sueño,
y despiertos en la vigilia,
germinando la aurora,
y recubiertos
de tierras enterradas
generan nuevos cielos
y nueva tierra
en el pulso rítmico
de un beso opalino.

Viaggio

Sto viaggiando nell'eternità
con te,
incanto del cielo di maggio.

Giorno dopo giorno
cerco la luce del sole,
sonnambulo disperato.

Invano ... invano.

La notte,
sola consolatrice
del mio vagabondare,
dona agli occhi
respiro accecante di bellezza.

Ed io affogo
fra le tue braccia
e mi perdo...

Viaje

Estoy viajando en la eternidad
contigo,
encanto del cielo de mayo.

Día tras día
busco la luz del sol,
sonámbulo desesperado.

En vano ... en vano.

La noche,
consoladora sola
de mi deambular,
regala a los ojos
respiro cegador de belleza.

Y me ahogo
en tus brazos
y me pierdo ...

Vivo:
anche le rondini
sono tornate:
forse cercano
il caldo sospiro
della Primavera.

Cieco non più,
vado risalendo
gli abissi
del dolore.

Con te
piango ora
di felicità,
corolla di stelle,
figlia della Luce.

Vivo:
también las golondrinas
volvieron:
tal vez buscan
el cálido suspiro
de la Primavera.

Ciego no más,
estoy subiendo
los abismos
del dolor.

Contigo
lloro ahora
de felicidad
corola de estrellas,
hija de la Luz.

Fosca sorte

Vaghi sui clivi cespi di sorrisi,
diaspri ventricoli d'ascosi cuori,
che svettano inconcussi colori
fra cime ricolme di fiordalisi.

Ma rapidi tuoni, guizzi e saette
balenano agli occhi della pastora,
che fugge atterrita per cunette
e curvi antri e cigli di porpora.

E con lei la greggia ora s'angoscia
a rovinare cieca nell'orrido.
Così a fosca sorte il Fato ci lascia

in balia a cader nel dirupo sordido.
Antiche Parche han reciso il filo
al druido seme, di terra ibrido.

Destino sombrío

Paseando por las cimas con mechones de sonrisas,
jaspes ventriculares de corazones ascéticos,
que remontan inamovibles colores
entre los picos llenos de escabiosas.

Pero rápidos truenos, centelleos y relámpagos
destellan ante los ojos de la pastora,
que huye aterrorizada por canaletas,
cavernas curvas y caminos morados.

Y con ella el rebaño ahora se angustia
por arruinarse ciego en el barranco.
Así a destino sombrío el Hecho nos deja

a merced de caer en el sórdido acantilado.
Antiguas Parcas le han cortado el hilo
a la semilla druida, de tierra híbrida.

LUCE CELESTE

LUZ CELESTE

Allodola

Allodola
impazzita
sorvola
allibita
spiga
imbiondita:
la Vita
servita
su serti
risorti.

Alondra

Alondra
enloquecida
sobrevuela
asombrada
espiga
enrubiecida:
la Vida
servida
en coronas
resucitadas.

Grovigli ricami

La notte è il contrappunto
del giorno e con questi si contorce
in un amplesso che ricuce
i nostri tempestosi richiami,
alitando un soffio infinito di vita:
grovigli che solo alla fine
scopriremo meravigliosi ricami.

Marañas de bordados

La noche es el contrapunto
del día y con estos se retuerce
en un abrazo que cose
nuestras tormentosas llamadas,
respirando un soplo infinito de vida:
marañas que solo al final
descubriremos maravillosos bordados.

Folate estive

Anche le foglie s'inchinano
alle folate estive.

S'inarcano piano
raggi che in cielo s'indorano.

Ráfagas de verano

Incluso las hojas se inclinan
ante las ráfagas de verano.

Se arquean despacio
rayos que en el cielo se vuelven dorados.

Nel mare della vita

Sto navigando
nel mare della vita:
silenzio interrotto
dal verso del gabbiano
bianco di luce.

En el mar de la vida

Estoy navegando en el mar
de la vida:
silencio interrumpido
por el sonido de la gaviota
blanca de luz.

Rosso il cielo

Rosso il cielo
questa sera.

Me ne vado per sentieri ombrosi,
che s'intrecciano
quasi ad imitare
il volo delle rondini.

El cielo rojo

El cielo rojo
esta noche.

Me voy por caminos sombreados,
que se entrelazan
casi como imitando
el vuelo de las golondrinas.

L'aquila marina

Non è troppo tardi
per mettersi a tavola.

È rotonda:
scrutare la vita
di sconosciuti.

Lo so:
siamo caduti
tra ignoti destini.

Ma non è ancora perduta
la via
che l'aquila marina segna
fra schiarite
e celesti turbinii.

El águila marina

No es demasiado tarde
para sentarse a la mesa.

Es redonda:
examinar la vida
de extraños.

Lo sé
nos hemos caído
entre destinos desconocidos.

Pero aún no está perdido
el camino
que el águila marina marca
entre remolinos despejados
y celestiales.

Esisto

Esisto
imbevuto d'infinito.

Oramai lo spazio
si fa teso
fra le stelle.

Ed io cammino
con l'ombra
delle quattro ossa
che trascino.

Esisto
con briciole d'infinito:
tutto il mio viatico.

Existo

Existo
empapado de infinito.

Por ahora el espacio
se hace tenso
entre las estrellas.

Y yo camino
con la sombra
de los cuatro huesos
que arrastro.

Existo
con migajas de infinito:
todo mi viático.

Filo d'erba

Sono come un filo d'erba
che la bufera piega
e l'uragano contorce,
ma subito si ritrova ritto,
piangente la quercia spezzata e divelta.

Hilo de hierba

Soy como un hilo de hierba
que dobla la tormenta
y contorsiona el huracán,
pero de inmediato se encuentra recto,
lloroso el roble quebrado y roto.

La bianca Via della Luce

Canto il manto stellato,
che ci riscalda questa sera
come bianca lana
in una notte di marzo:
stelle solitarie come noi,
figli di primaverili illusioni.

La terra ci consolerà
nell'ultimo giorno.

Noi,
gli uomini,
che muoiono
senza baciare il vento estivo,
ascolteremo i battiti del nostro cuore
nell'ultimo giorno.

Noi,
gl'infelici dell'universo,
suicidi dagl'occhi trafitti,

El blanco Camino de la Luz

Canto el manto estrellado,
que nos calienta esta tarde
como lana blanca
en una noche de marzo:
estrellas solitarias como nosotros,
hijos de ilusiones primaverales.

La tierra nos consolará
el último día.

Nosotros,
los hombres,
que mueren
sin besar el viento estival,
escucharemos los latidos de nuestros corazones
en el último día.

Nosotros,
los infelices del universo,
suicidas con los ojos perforados,

implorEREMO

pietà alla luna

e a quel sole,

che cerchiamo ora,

spugne d’infinito,

tra i fiori

e nei crateri dei vulcani.

Noi,

sì, ci ritroveremo

nei paradisi

dai nostri padri perduti.

E le cicale

non stoneranno mai più.

E i cipressi

saranno di bianco vestiti

come i nostri corpi lucenti:

respireremo la vita delle primule.

imploraremos
piedad a la luna
y a ese sol,
que buscamos ahora,
esponjas de infinito,
entre las flores
y en los cráteres de los volcanes.

Nosotros,
sí, nos encontraremos
en los paraísos
de nuestros padres perdidos.

Y las cigarras
no desentonarán nunca más.

Y los cipreses
estarán vestidos de blanco
como nuestros cuerpos brillantes:
respiraremos la vida de las primaveras.

Lacrime

Ho visto
lacrime
imperlare
il volto.

Cadere.
Piano.

Ho visto
mani
incallite.

Nere.
Consunte.

Una goccia
bagnò
la nuda terra.

Lágrimas

Vi
lágrimas
como perlas
en la cara.

Caer.
Despacio.

Vi
manos
callosas.

Negras.
Desgastadas.

Una gota
mojó
la tierra desnuda.

Ne raccolsi
una manciata
e la consacrai
a costruire l’altare
del Divin Sacrificio.

Recogí
un puñado
y lo consagré
para construir el altar
del Sacrificio Divino.

Ti amo

Ti amo:
i tuoi occhi nei miei,
fusione di due vite
lanciate verso il futuro.

Il tuo tenero sorriso:
esplosione di mille colori
danzanti in un prato fiorito.

E in questa
dolce apnea
la mia anima anela.

Rosa fulgida,
piccola scintilla di *Érōs*:
hai strappato il mio cuore
ed ora non più cammino randagio
per questi polverosi viali.

Te amo

Te amo:
tus ojos en los míos,
fusión de dos vidas
lanzadas al futuro.

Tu tierna sonrisa:
explosión de mil colores
danzantes en un prado florido.

Y en esta
dulce apnea
mi alma anhela.

Rosa fulgurante,
pequeña chispa de Eros:
me has robado el corazón
y ahora ya no camino perdido
por estas polvorientas calles.

Ho trovato un angelo
che culli i miei sogni
e mi accordi
alla divina cetra.

Encontré un ángel
que sacudió mis sueños
y me acordé
a la cítara divina.

Il silenzio dell'alba

Conosci
la luna
che macera
i giorni
e si cela
gravida
al sottile
solstizio
d'estate?

Siamo
scintille
di luce
appese
al soffio
dell'alba.

E presto
rapite
nel Lógos

El silencio del alba

¿Conoces
la luna
que macera
los días
y se encierra
embarazada
en el delgado
solsticio
de verano?

Somos
chispas
de luz
colgando
del soplo
del amanecer.

Y pronto
secuestradas
en el Lógos

lucente
delle maree.

In silenzio
l'anima
respira
al puro
solfeggio
del sole
nascente.

luminoso
de las mareas.

En silencio
el alma
respira
al puro
solfeo
del sol
naciente.

Nudi amanti

Canto sotto antichi astri
la vita in culle marine
e le passate stagioni
aggroviglïo in alghe
marcescibili e fertili.

Con tuoni che rombano
ottusità e terrore,
la nostra pelle in squame
si trasforma a ritroso,
a ripescare gli archètipi
affogati nelle anfore
del demïurgo alchemico.

C'è DNA nel vuoto cielo
su invisibili pianeti?
Quando i geni si spezzano
al frangersi di ampolle
colme di gelide morule!

Amantes desnudos

Canto bajo antiguos astros
la vida en cunas marinas
y las temporadas pasadas
se enredan en algas
putrefactas y fértiles.

Con truenos que rugen
obtusidad y terror,
nuestra piel escamada
se transforma al revés,
a pescar de nuevo los arquetipos
ahogados en las ánforas
del demiurgo alquímico.

¿Hay ADN en el cielo vacío
en planetas invisibles?
¡Cuando los genios se quiebran
al romperse las ampollas
llenas de mórulas heladas!

Ma da Oriente scenderà
un nuovo Soffio di Vita
e vincerà l'abominio
del tracotante efèbo ...

... e le onde lasceranno
ancora sulla battigia
donne e uomini risorti
per concepire sui lidi
nuove immagini divine.

Il pulsare della Luce
trafiggerà i nudi amanti
e ne ingemmerà il Cielo.

Pero del Oriente descenderá
un nuevo Aliento de Vida
y ganará la abominación
del arrogante efèbo ...

... y las olas dejarán
todavía en la batalla
mujeres y hombres resucitados
para concebir en las costas
nuevas imágenes divinas.

El pulso de la Luz
atravesará a los amantes desnudos
y embellecerá el Cielo.

Ritmati amplessi alati

Due lumini gufano nel bosco
chiaroscuri ghirigori di rami
e il fogliame bizzarro in ricami
ventosi si torce muto nel fosco

ululato lontano e inquieto:
il pensiero si perde in ancestrali
tenebre, che sorgere dal canneto
ninfei ci videro chiari e senz'ali.

Siamo noi eterei inumani
pericopi volanti e insensati
a proferire falsi gli sciamani,

che natura inscrisse in celati
geni, ma ben espresse in melograni
agrodolci e rimati amplessi alati.

Rítmicas uniones aladas

Dos velas resoplan en el bosque
claroscuros giros de ramas
y el extraño follaje en bordados
ventosos se retuerce mudo en la oscuridad

aullando distante e inquieto:
el pensamiento se pierde en ancestrales
tinieblas, que surgir desde las cañas
de ninfeo nos vio claros y sin alas.

Somos nosotros etéreos inhumanos
pericopes voladores e insesantes
que pronunciamos falsos chamanes,

que la naturaleza inscribió en ocultos
genes, pero bien expresadas en granadas
agridulces y rítmicas uniones aladas.

Silente melodia

Inebriata follia,
disseti
rocce ancor più vive
e taglienti.

Libera oramai la voce!
Ché ‘l velo del bosco
arde nell’attesa!

La tua acqua...
donata melodia silente
dell’ascolto.

Silenciosa melodía

Embriagada locura,
sin sed
rocas aún más vivas
y afiladas.

¡Libera ahora la voz!
¡Que el velo del bosque
arde en la espera!

Tu agua ...
donada melodía silenciosa
de la escucha.

Il fuoco e le ali

Datemi ali per aprire la mente.
Datemi ali per sognare di giorno.
Datemi ali per volare intorno
a questo mondo di anime spente.

Chiedetemi pure perché la natura
si ribella al ferino saccheggio
di un uomo che da sempre ottura
il futuro e s'acceca nel dileggio.

E non io risponderò, ma il Dio
che fin dal principio ci amò
teneramente e tutto ci donò

con fiducia, amore e ratïo.
Ma in orgoglio e invidia vinse l'odio:
e come loglio al fuoco l'Eden bruciò.

El fuego y las alas

Dénme alas para abrir la mente.
Dénme alas para soñar de día.
Dénme alas para volar alrededor
de este mundo de almas apagadas.

Pregúntenme también por qué la naturaleza
se rebela contra el saqueo feroz
de un hombre que desde siempre obstruye
el futuro y se ciega en la burla.

Y no responderé yo, sino Dios
que desde el principio nos amó
tiernamente y nos dio todo

con confianza, amor y ratïo.
Pero con orgullo y envidia ganó el odio:
y como paja al fuego el Eden quemó.

LUCE DA LUCE

Ἀκάθιστος

LUZ DE LUZ

Ἀκάθιστος

Serva dei servi

Serva dei servi risorti dall'Acqua,
in questo incerto migrare nel tempo
raccogli il senso perduto nel vento,
mentre in silenzio il Cosmo rinasce.

Nella tua carne fu scritta la pace,
che il Padre fece con l'uomo errante,
e il Fuoco arse ogni tuo accento
per liberare il Verbo vivente.

E fu l'estrema Parola del Padre,
ove lo Spirito incise il suo nome,
in cui si schiuse il sigillo nascosto,
quando la terra vibrava di luce.

La gloria Tu sei del Padre nell'uomo,
lode che sale qual calice colmo,
quando lo Sposo consuma ogni attesa
e gli occhi apre a scrutar la Parola.

Sierva de los sirvientes

Sierva de los sirvientes resucitados del Agua,
en esta incierta migración en el tiempo,
recoges el sentido perdido en el viento,
mientras en silencio el Cosmos renace.

En tu carne fue escrita la paz,
que el Padre hizo con el hombre equivocado,
y el Fuego quemó todo tu acento
para liberar la Palabra viva.

Y fue la Palabra extrema del Padre,
donde el Espíritu grabó su nombre,
en el que se abrió lentamente el sello oculto,
cuando la tierra vibraba de luz.

Tu eres la gloria del Padre en el hombre,
alabanza que se eleva como una copa llena,
cuando el Novio consume todas las expectativas
y abre los ojos para buscar la Palabra.

La luce ritorna nel cielo

La luce ritorna nel cielo
e vive la terra assetata
nel canto che muta il silenzio
in lode perenne e gioiosa.

Il sole colpisce la notte,
vittoria dell'unico Sole,
che sorge a scandire la vita
nel sangue che canta il suo Nome.

Noi siamo in cammino nel Tempo,
beviamo dall'unica Fonte
che sgorga sul tuo sentiero,
da roccia del Monte di Sion.

Il Padre ci copre al mattino
col lino splendente e puro,
lo Spirito nuovo del Cosmo,
che già ci donò nel suo Figlio.

La luz vuelve al cielo

La luz vuelve al cielo
y vive la tierra sedienta
en la canción que cambia el silencio
en alabanza perenne y alegre.

El sol golpea la noche,
victoria del único Sol,
que surge para marcar la vida.
en la sangre que canta su Nombre.

Estamos en camino en el Tiempo,
bebamos de la única fuente
que fluye en tu camino,
desde la roca del Monte de Sión.

El Padre nos cubre en la mañana
con lino brillante y puro,
el Espíritu nuevo del Cosmos,
que ya nos donó en su Hijo.

Lo sguardo è rivolto al tramonto

Lo sguardo è rivolto al tramonto
e gli occhi sono fissi alla stella,
la prima a ornare il cielo,
ìnclita guida ai viandanti.

La sera è giunta dai monti
nel cielo che piano scolora,
viviamo in vigile attesa,
che torni l'Amante a bruciare.

E quasi s'arresta il sangue,
nel giubilo estremo, in cui nasce
la Stella nel cuore dell'uomo,
oriente opalina di vita.

La lode al Padre presente
nel Figlio che danza fra i figli,
raccolti nell'unico canto,
che sgorga dal chiostro di Luce.

La mirada se vuelve hacia el ocaso

La mirada se vuelve hacia el ocaso
y los ojos están fijos en la estrella,
la primera en adornar el cielo,
ilustre guía para los viandantes.

El anochecer ha llegado de los montes
al cielo que lentamente se decolora,
vivimos en la vigilante espera,
que vuelva el amante a quemar.

Y la sangre casi se detiene,
en extremo júbilo, en el que nace
la Estrella en el corazón del hombre,
oriente opalina de vida.

La alabanza al Padre presente
en el Hijo que danza entre los hijos,
reunidos en la única canción,
que fluye del claustro de Luz.

Tu, l'acqua che irrora la terra

Tu, l'acqua che irrora la terra
e bagna i nostri pensieri,
sciogliendo l'oracolo antico
per dare alla luce la Luce

La nostra è terra raccolta,
che geme nel vento assolato
ma fertile il suo soffrire
nel seme caduto e risorto.

Speranza che torni a fiorire
e a tessere il tuo ricamo,
all'ombra del legno di Vita,
il Sangue muti in Ebbrezza.

La Sposa riponga nel seno
il Figlio dell'unico Padre,
intoni il canto nuziale
e corra a mietere Amore.

Tú, el agua que riega la tierra

Tú, el agua que riega la tierra
y baña nuestros pensamientos,
disolviendo el antiguo oráculo
para darle Luz a la Luz.

La nuestra es una tierra cosechada
que gime en el viento soleado
pero fértil su sufrimiento
en la semilla caída y resucitada.

Esperanza que vuelva a florecer
y a bordar tus bordados,
a la sombra de la madera de la Vida,
la Sangre muda en Embriaguez.

La Novia ponga de nuevo en el seno,
el Hijo del único Padre,
entone la canción nupcial
y corra a recoger Amor.

Sei corpo lucente nel buio

Sei corpo lucente nel buio,
abbraccio dell'unico Sposo.
Tu, nettare al nostro banchetto,
silenzio di Dio che s'incarna.

Sei il sangue che scorre veloce,
sei carne che lievita sempre,
sei l'ultima forma dell'Uomo,
sei terra che vive nel Cielo.

Tu, grembo di antichi sospiri,
ci doni da Luce profonda,
che vibra nell'unico amplesso
del Cosmo risorto nel Figlio.

Al Padre s'innalzi la lode
del corpo, che attende la voce
del Figlio, che viene nell'ora
di accendere il Lume notturno.

Eres cuerpo brillante en la oscuridad

Eres cuerpo brillante en la oscuridad,
abrazo del único Novio.
Tú, néctar en nuestro banquete,
silencio de Dios que se encarna.

Eres la sangre que fluye veloz,
eres carne que se eleva siempre,
eres la última forma del Hombre,
eres tierra que vive en el Cielo.

Tú, matriz de antiguos suspiros,
danos desde la Luz profunda,
que vibra en el único abrazo
del Cosmos resucitado en el Hijo.

Al Padre se eleve la alabanza
del cuerpo, que espera la voz
del Hijo, que viene en la hora
de encender la Luz nocturna.

Post Scriptum

Le mani alzate al crepuscolo,

invoco il ritorno della Luce

e di un'Alba divina,

per respirare piangendo

il segreto risorgere

dell'Anima.

Post Scriptum

Con las manos levantadas al crepúsculo,

invoco el regreso de la Luz

y de un Amanecer divino,

para respirar llorando

la secreta resurrección

del Alma.

EPÍLOGO

El himno «Ἀκάθιστος»[3] (transcrito: *Akáthistos*) es uno de los himnos más famosos que la Iglesia Ortodoxa Oriental dedica a Θεοτόκος (transcrito: *Theotókos*; traducción: Madre de Dios).

Akáthistos se llama por antonomasia el famoso himno litúrgico del siglo V, que fue y sigue siendo el modelo de muchas composiciones gráficas y litológicas antiguas y recientes.

Akáthistos no es el título original, sino una rúbrica: «a-kathi-stos» en griego significa «no sentado», porque la Iglesia ordena cantarlo o recitarlo «de pie», como se escucha el Evangelio, en un signo de respeto reverente y veneración a la Madre de Dios.

En esta mini colección de himnos inéditos[4], que constituye el último capítulo del presente volumen, propongo una himnología mariana que, sin querer competir con ningún otro fruto del ingenio e inspiración sapiencial poético-litúrgica (desde Hipólito Romano hasta Efrén el Sirio, etc.), quisiera reactualizar este tipo de composiciones poético-religiosas.

En la tradición monástica Oriental y también en algunos países Occidentales con el término *Akáthistos* nos referimos a cualquier Himno, propiamente y generalmente para ser cantado en la Liturgia de las Horas, junto a la salmodia del día.

NOTAS

1 Cf. Girard, René;

a. *La Violence et le Sacré,* Paris, Grasset, 1972; (*La violencia y lo sagrado*, Barcelona, Editorial Anagrama S.A., 2016).

b. *Des choses cachées depuis la fondation du monde,* Paris, Grasset, 1978. (*Cosas ocultas desde la fundación del mundo*; English translation: *Things Hidden since the Foundation of the World*, Research undertaken in collaboration with Jean-Michel Oughourlian and G. Lefort, Stanford, Stanford University Press, 1987).

c. *The Scapegoat*, Baltimore, Johns Hopkins University Press, 1989 (*El chivo expiatorio*, Barcelona, Editorial Anagrama S.A., 1986).

d. *Je vois Satan tomber comme l'éclair,* Paris, Grasset, 1999. (*Veo a Satán caer como el relámpago*, Barcelona, Editorial Anagrama S.A., 2002).

e. *La Voix méconnue du réel: Une théorie des mythes archaïques et modernes* (*La voz inaudita de la realidad: Una teoría de los mitos arcaicos y modernos*), Paris, Grasset, 2002.

f. *Le sacrifice*, Paris, Bibliothèque nationale de France, 2003 (*El sacrificio*, Madrid, Ediciones Encuentro S.A., 2012).

2 Cf. *Mt* 2,16-18; *Jer* 31,15.

3 Claramente, el título se declina en singular, porque se ha convertido en la denominación común de todos los Himnos, incluso los no marianos, que se declaman en posición derecha (el *statio* de la memoria cartujana). Una posición que institucionalmente en la antigüedad era la estación reservada para los dig-

natarios de la corte (ahora diríamos Ministros), con el poder de juzgar y asesorar al Soberano, con poder casi obligatorio. En el contexto litúrgico, el estar de pie refleja nuestra dignidad como hijos en el Hijo de Dios, hermandad de sangre (teológicamente se debería decir de naturaleza) con los *Kúrios* Jesucristo, connatural precisamente a la Humanidad, a través del *fiat* del B.V. María y la consiguiente Encarnación, y a la Santísima Trinidad, el único Dios en tres personas.

4 Además del primer poema en hendecasílabos, las otras composiciones están estructuradas en versos novenarios, más adaptables métricamente a la monodia gregoriana y al salmo bizantino rítmico y baritonal.

BIOGRAFÍA LITERARIA DEL AUTOR

Nací en Schio (Vicenza - Vèneto - Italia) el 13 de julio de 1953. Mi familia emigró a Montreal, Canadá, en marzo de 1956, donde empecé a estudiar en lengua materna Inglés, mientras vivía en un vecindario de idioma Francés. Reanudé mis estudios a mi regreso a Italia en abril de 1960, recuperando varios años escolares en uno solo y alineándome así con el currículum escolar italiano.

Frecuenté con éxito el Liceo Clásico «Giacomo Zanella» de Schio, donde refiné mi propensión por la literatura. En 1965 escribí mis primeras composiciones poéticas, alentado por mis maestros, familiares y amigos, y en 1967 obtuve el primer premio en el concurso nacional de poesía «Montebello Vicentino».

En 1971 publiqué mi primera colección de poemas «Ho visto Dio» (*He visto a Dios*, Roma, Nueva Generación, 1971).

En 1972 conseguí la madurez clásica. Después obtuve la calificación más alta 90/90 *Summa cum Laude* en Ciencias Religiosas en la Universidad Pontificia de la Santa Cruz de Roma - Ciudad del Vaticano, defendiendo la tesis de Bioética: «Las fronteras de la ingeniería genética. Del reduccionismo biológico al valor trascendente de la Persona».

Profesor de Religión durante diez años en el Liceo Clásico estatal «Giacomo Zanella» y el Instituto Tecnológico «F.lli Pasini» de Schio. Periodista publicista registrado en la Orden de Periodistas del Véneto desde 1991, fui corresponsal durante siete años del semanario «La Voce dei Berici» de Vicenza y durante tres años del periódico «La Nuova Vicenza». Para estos periódicos, he seguido eventos de carácter nacional e internacional con misiones desafiantes, como la de enviado especial de guerra en el conflicto serbio-croata de 1992 y corresponsal en el Parlamento Europeo en Estrasburgo. También cubrí responsabilidades en periódicos locales.

Tuve el cargo de coordinador editorial de la serie de ensayos ecuménicos interreligiosos «Figli di Abramo», (*Hijos de Abrahán*) publicada por la Librería Editorial Vaticana, para la cual también fui gráfico-editor.

Me clasifiqué tercero y segundo respectivamente en los premios nacionales bienales II y III de poesía religiosa «Santa Cruz», organizado por la comunidad eclesial «Santa Cruz» de Schio en 1987 y 1989.

Me gradué con 110/110 *cum Laude* en «Tecnólogo de Comunicación Audiovisual y Multimedia» (grado 16,

Ciencias de la Comunicación) en la Facultad de Letras y Filosofía de la Universidad de Ferrara, presentando una tesis experimental sobre Lingüística computacional: «Hermenéutica del texto literario asistido por computadora - modelos y métodos de análisis textual, evaluación morfosintáctica, semántica y representación transmedia». Además en la Universidad de Ferrara, obtuve una maestría en «Tecnologías digitales y economía neta» en la Facultad de Economía y Comercio. Siempre en Ferrara asistí al curso de Maestría en Filosofía (Historia de la Filosofía). Por último asistí al Máster en Estudios Religiosos también en la Universidad Pontificia de la Santa Cruz de Roma-Ciudad del Vaticano.

Casado y con tres hijos, vivo en Valli del Pasubio en la provincia de Vicenza, región de Véneto, Italia. Realizo mi actividad profesional en el campo de la comunicación digital multimedia y soy especialista en el campo de la información en línea.

La editorial Phasar Ediciones de Florencia publicó en forma impresa en octubre de 2003 la obra poética «Ignudi Naufraghi fra Samo e Patmos» (*Náufragos desnudos entre Samos y Patmos*), señalada con Mención de Honor, junto con solo otras cinco obras, en el XI Premio Europeo de Literatura *Eugenio Montale* de 2006. La

Ópera recibió reseñas significativas en revistas culturales, como *Il Segnalibro*, y en la Prensa Nacional.

El ensayo poético «Donna di Luce» (*Mujer de Luz*), siempre publicado por Phasar Ediciones en 2008 y posteriormente en 2009 también por «Ediciones Nuevos Poetas» en formato CD con voz recitada del actor Carlo Arrigoni y música original del Maestro Luciano Cacciavillani, ganó el Premio Especial del jurado en el XXX concurso internacional de Poesía, ficción y no ficción en la ciudad de La Spezia, en 2006.

La antología poética «Mistica danza» (*Danza mística*), escrita en colaboración con el hijo Emanuele, publicada por *Ediciones Gondolin* de Verona (Grupo *Fede & Cultura*) en 2017, fue la ganadora de la sección de Antología Poética editada en el V Premio Nacional de Literatura Italiana Contemporánea 2017 / 2018 promovido por Laura Capone Ediciones (Roma). El libro ha sido traducido al inglés y publicado, impreso y distribuido en los Estados Unidos por *Gondolin USA Press*, Colorado, en 2019 bajo el título «Mystic Dance».

Mis composiciones están presentes en numerosas antologías, también con difusión escolar, como «Madre della Tenerezza» (*Madre de la Ternura*, Laura Capone Ediciones, Roma, mayo de 2018).

La antología «Le Mutazioni dell'Amore» (*Las Mutaciones del Amor*) fue la ganadora, en la sección inédita de Antología, en el VI Premio Nacional de Literatura Italiana Contemporánea en el 2018/2019, promovido por Laura Capone Ediciones (Roma) y fue presentado en el preestreno absoluto en la Feria del Libro - Libro abierto de Florencia a finales de septiembre de 2018.

Este último libro, «Las Mutaciones del Amor», fue publicado por *IlNarratore.com* en un formato de audio-libro, con la voz recitada del actor-narrador Massimo D'Onofrio, acompañado de la música original del Maestro Luciano Cacciavillani, y distribuido en circuitos internacionales como Amazon-Audible, Apple-iTunes, Storytel, etc. El libro también ha sido traducido al francés, español e inglés, impreso y distribuido internacionalmente por *Editions Croix du Salut*, *Credo Ediciones*, *Blessed Hope Publishing*: todas las marcas comerciales de la empresa editorial multinacional *SIA OmniScriptum Publishing*.

La primera edición original de esta obra poética, titulada *Luce da Luce*, fue publicada en italiano por *Fede & Cultura* de Verona (Italia) en enero de 2020. Este libro, apenas publicado, recibió la Mención de Honor con el 5º Premio Internacional de Literatura «Salvatore Quasimodo», una edición extraordinaria para el 60 aniversario del poeta italiano galardonado con el Premio Nobel de Literatura.

ÍNDICE GENERAL

Printed by Books on Demand GmbH, Norderstedt / Germany